Lk 7,965

RÉPUBLIQUE FRANÇAISE.

COMPTE

QUE rend de ses travaux l'assemblée générale des Commissaires de Sections de la ville de Besançon,

A SES COMMETTANS.

Délibéré à la séance publique du 3 juin 1793; l'an 2 de la République Française.

Nous avons dû, d'après l'obligation que vous nous avez imposée, vous convoquer pour vous rendre compte de nos travaux, et vous ne nous l'eussiez pas prescrit, que nous l'aurions fait. Nommés par vous pour exercer une surveillance indéfinie sur toutes les administrations, nous avons tâché de remplir notre

A

mission avec le courage dont vous nous avez crus dignes sans doute, en nous donnant votre confiance ; si la malveillance, affectant insidieusement le langage de la popularité, a cherché à nous l'enlever par des applications injurieuses, fiers de mériter la haine des factieux et des agitateurs, nous abandonnons ces anarchistes à leurs remords, s'ils en sont susceptibles, pour ne nous occuper que du bien public : tel est l'assentiment général de vos Commissaires. Ennemis des partis, ils se réuniront toujours autour de l'arbre de la liberté et de l'égalité, non pour insulter à son culte par des personnalités, mais pour y porter un cœur pur, ami des lois, et jaloux de maintenir entre les patriotes cette réunion, cet accord, qui peuvent seuls faire notre prospérité et notre bonheur.

Division du rapport. Nous ne vous rendrons pas un compte méthodique de nos travaux journaliers, nous diviserons ce rapport en deux parties ; la première sera relative aux fonctions qui nous sont déléguées par la loi du 21 mars dernier ;

la seconde, à la surveillance que vous nous avez déléguée pour l'exercer en assemblée générale.

PREMIÈRE PARTIE.

EN exécution de la loi du 21 mars, nous avons demandé à la Municipalité un local dans l'arrondissement de chaque section, pour y recevoir les déclarations des étrangers. Nous avons annoncé par des affiches le lieu et l'heure où vos comités se trouvoient réunis, afin que le public pût y venir satisfaire à la loi. *Comités des douzes*

Nous nous sommes occupés de l'organisation de nos bureaux, de la tenue des registres, et de la forme à donner aux certificats d'autorisation de résidence. Nous avons cherché à mettre dans ce travail toute l'uniformité qu'il exigeoit ; c'est pour y parvenir que ces objets détaillés ont été traités en assemblée générale, afin que toutes les sections agissent de concert.

Nous croyons inutile de vous rendre un compte fastidieux de ces mesures partielles, mais nous ne devons pas vous laisser ignorer que de la fidélité des déclarations des étrangers arrivant à cette Commune, dépend la sureté et la tranquillité de cette ville ; la septième section a déjà eu occasion d'en fournir la preuve, par la découverte de deux autrichiens qui étoient dans son arrondissement, munis de faux papiers, et qui, reconnus à tous égards suspects, ont été livrés à la Justice criminelle, ils ne tarderont pas sans doute à tomber sous le glaive de la loi.

Nous ajouterons encore, que le Département, toujours attentif à ce qui peut éclairer les Corps constitués qui lui sont subordonnés, nous a transmis son instruction du 1er mai dernier, dont l'objet tend à prévenir toutes les manœuvres, et à user des précautions indiquées dans des lois éparses, mais dont les dispositions, réunies dans cette instruction, font l'objet de notre étude particulière.

Pour parvenir à une exécution parfaite, et empêcher que notre surveillance sur les étrangers ne soit éludée, vos comités, chacun dans leur section respective, se sont occupés de la formation d'un registre représentant les individus qui existent dans leur arrondissement; ce registre est extrait des déclarations faites à la Municipalité, en exécution de la loi du 19 mars dernier. Ce travail aura pour utilité, de vérifier si tous ceux qui habitent cette Commune ont fait les déclarations prescrites par la loi dans le comité de leur section. A l'égard des voyageurs, vos comités ont invité la Municipalité d'ordonner aux commis des portes, de remettre aux comités de leur section les noms des étrangers qui arrivent en cette ville. Avec cette précaution, et l'obligation imposée aux aubergistes de faire aux comités les déclarations des étrangers, aucun individu ne peut échapper à notre surveillance.

Vous remarquerez dans ce que nous venons de vous dire, que nous nous sommes pressés de nous organiser ; nous avons pensé que la loi, en nous établissant, ne tarderoit pas à nous déléguer d'autres fonctions. En effet, la loi du 28 mars contre les émigrés, semble nous attribuer les certificats de résidence ; celle du 4 mai, relative aux secours à accorder aux familles des militaires, donne cette répartition de secours aux commissaires de section, là où il y en a d'établis; nous n'avons, il est vrai, pris encore aucune mesure sur la loi relative aux certificats de résidence, parce que les Corps administratifs, dont le concours nous est nécessaire, ne nous ont pas encore provoqués pour son exécution ; il nous a semblé qu'il convenoit à un Corps nouvellement constitué, d'attendre les instructions des autorités qui lui sont supérieures, crainte que l'on ne puisse l'accuser de vouloir agrandir son existence, et par-là entraver la marche des lois. Les commissaires de sections, jaloux d'ôter tout prétexte à la malveillance, se feront toujours un devoir de n'agir que par les lois, ou par vous, qui, tenant dans vos mains la souveraineté, pouvez seuls leur en prescrire.

Quant à la loi du 4 mai dernier, relative aux secours à accorder aux familles des militaires, nous l'avons seulement reçu officiellement de la Municipalité le 31 mai, avec avis qu'elle nous feroit passer incessamment des états imprimés, pour y porter ceux qui auront droit aux secours ; jusqu'à ce moment, nous ne pouvons que nous pénétrer de l'esprit de cette loi, afin de nous préparer à son exécution ; et vous ne devez pas douter du zèle de vos commissaires sur cet objet, puisqu'il tend à soulager l'infortune, et à indemniser les femmes et les enfans, de la privation d'un père ou d'un époux, qui se sacrifient généreusement à la défense de la liberté.

La Municipalité, par cette même lettre, nous invite à concourir avec elle au recensement des filles et femmes publiques, dont les mœurs corrompues, en propageant le vice dans la garnison, empoisonnent la jeunesse, la dérange de ses devoirs, et conduit à l'hôpital des guerriers dont la Patrie a besoin pour sa défense. Les travaux préliminaires dont vos comités se sont occupés, mettront dans peu la Municipalité en état d'arrêter les progrès de ce libertinage odieux et destructif de la génération future.

Nous devons vous dire aussi, que la Municipalité, jalouse de favoriser le travail des commissaires de sections, a ordonné aux commissaires de police de se présenter soir et matin au comité de leur section : le concours de ces agens ne pourra que rendre plus actif les démarches que vos commissaires croiront utiles pour la surveillance des étrangers ; nous espérons que nous n'aurons qu'à nous applaudir de leur zèle, et à vous en donner un bon témoignage lors du premier compte que nous aurons à vous rendre de nos travaux.

SECONDE PARTIE.

Nous allons traiter de nos travaux sur la surveillance que vous nous avez confiée. C'est ici un des plus importans objets de nos fonctions, parce que nos pouvoirs à cet égard n'ont aucune délimitation, puisque les circonstances seules peuvent déterminer nos mesures, et qu'elles varient d'après les abus qui paroissent, et dont la destruction devient utile à la chose publique.

Nous avons formé, le 30 avril dernier, notre première assemblée ; nous nous sommes constitués Corps délibérant ; après avoir vérifié les pouvoirs donnés aux commissaires des différentes sections, nous avons remarqué que tous les procès verbaux étoient parfaitement dans les mêmes principes. Cependant la quatrième section s'est bornée à nommer des commissaires, sans leur déléguer d'autres pouvoirs que ceux désignés par la loi du 21 mars dernier ; son silence sur cet objet vient de ce que l'adresse des anciens commissaires ne lui a pas été parfaitement connue, et que par des circonstances particulières elle n'a pu délibérer sur ce qu'elle présentoit ; mais si cette section a trouvé dans son sein des membres qui redoutoient la surveillance, et qui, méconnoissant les droits du Peuple, soutenoient qu'ils ne pouvoient déléguer à ces commissaires les pouvoirs nécessaires pour l'exercer en son nom ; si cette opinion

Installation de l'assemblée générale.

même a été soutenue dans le sein de notre assemblée, par un membre de cette section, avec une indécence et un entêtement que sa jeunesse seule peut lui faire pardonner, ses collégues nous ont bientôt détrompés sur le langage inconsidéré de cet orateur moderne, en se réunissant à nous ; la Municipalité même, qui aime à rapprocher les citoyens, a applaudi à cette réunion, et de ce moment nous avons vu cesser dans notre assemblée le trouble que par ce schisme on tentoit à y faire naître. Sans doute la quatrième section approuvera, soit par son silence, soit en délibérant sur cet objet, les pouvoirs de surveillance que ses commissaires ont exercés avec nous, sans cependant avoir de sa part une autorisation expresse.

Adresse à la Convention Nationale, pour l'inviter à la réunion, suivant le mandat im-

LE premier objet qui a dû nous occuper, a été de faire à la Convention une adresse, tendante à provoquer sa réunion, et à lui demander une constitution fondée sur les bases de la liberté, de l'égalité, et de l'indivisibilité de la République. Nous avons délibéré l'impératif que les commissaires en ont reçu des assemblées primaires. pression de cette adresse, et l'envoi aux Départemens et sociétés populaires de la République. Nous avons donc rempli à cet égard le vœu exprès que vous aviez formé dans votre dernière assemblée. Et déjà plusieurs Corps administratifs, en répondant à cet envoi, nous ont manifesté le désir d'y adhérer ; d'autres nous ont même fait passer les pétitions qu'ils ont, à notre exemple, envoyées à la Convention sur le même sujet. La société de la liberté et de l'égalité de cette ville, en nous faisant part, par deux commissaires pris dans son sein, du projet qu'elle avoit non seulement de faire une adresse pour le même but à la Convention, mais même d'en rendre porteur un de ses membres, chargé par elle d'y faire un discours analogue aux circonstances, nous invita à y adhérer. L'assemblée générale, en applaudissant au zèle de cette société, crut cependant devoir passer à l'ordre du jour, motivé sur ce que nous avions déjà rempli cette mission, par une adresse imprimée, seule forme que vous nous aviez prescrite ; que d'ailleurs nous n'avions point reçu de vous de pouvoirs pour nommer un commissaire à la Convention Nationale, encore moins pour adhérer à une nomination à laquelle nous n'avions point participé ; que d'un autre côté, la société laissant son député maître de faire tel discours qu'il jugeroit convenable, et de consulter les différens députés des Communes ou sociétés qui se trouveroient à Paris, nous avions lieu de craindre que ce discours, loin de provoquer à la réunion des partis qui divisent l'Assemblée, ne tendît au contraire à favoriser l'un ou l'autre, et par-là ne servît qu'à propager la discorde, en donnant les armes puissantes de l'assentiment à l'un de ces partis, que loin de vouloir fortifier, nous voudrions voir réunis pour la cause commune.

Nous avons cru indispensable de vous donner les motifs de cette délibération, afin qu'en les jugeant, vous soyez à même d'apprécier la tournure captieuse que quelques individus ont cherché à donner à notre conduite, appuyée cependant sur des principes de sagesse et de prudence, et circonscrite d'ailleurs par nos pouvoirs. Un membre même de l'assemblée générale a été inculpé dans cette société pour un propos insignifiant, mais qu'aucun de vos commissaires n'a entendu ; nous ne vous entretiendrons pas de ces personnalités, fatigantes pour les bons Citoyens, mais où l'esprit d'intrigue s'est manifesté avec une indécence, un délire, qui ne justifient que trop le ridicule dont on vouloit couvrir vos commissaires ; c'est à vous, Citoyens, à juger les hommes qui ont tenté d'élever un schisme entre l'assemblée générale des sections et la société : nous vous demanderons si ces agitateurs sont les amis du Peuple. Mais la société de la liberté et de l'égalité, dont la masse est toujours bonne, et constamment dirigée vers le bien public, a passé à l'ordre du jour, sur la motion incidente faite sur ce prétendu propos, malgré les cris impuissans des anarchistes, et de ces orateurs insidieux, qui cherchent sans cesse à égarer son opinion.

Nous ne devons pas vous laisser ignorer que le bulletin du 24 mai dernier fait mention de l'adresse de vos anciens commissaires, et ce témoignage flatteur doit vous faire connoître que votre vœu a été pris en considération.

Mesures de sureté. L'ASSEMBLÉE GÉNÉRALE a porté son attention sur les mesures de sureté que les Corps ont cru utiles d'employer pour déjouer les manœuvres des malveillans ; mais pour prévenir tout acte d'autorité injuste, et empêcher que l'innocent ne soit enveloppé avec le coupable, quelques membres avoient pensé qu'il étoit utile d'inviter les autorités à ne prendre aucun arrêté coercitif, sans y donner les motifs de leur délibération ; l'assemblée a passé à l'ordre du jour, motivé sur le danger d'entraver les opérations des Corps administratifs dans ces momens de crise et d'orage, où le salut du Peuple doit l'emporter sur des considérations particulières, bien persuadée qu'un bon Citoyen n'a point à redouter ces précautions salutaires, qui ne peuvent effrayer que la malveillance, en même-temps qu'elles sont la sauve-garde de la tranquillité publique.

L'ASSEMBLÉE GÉNÉRALE qui a reçu dans son sein la visite du Général Dalo, n'a pu voir ce Général, sans lui témoigner le désir qu'il se justifiât des inculpations qui lui ont été faites par la société des amis de la liberté et de l'égalité; il a satisfait à cette demande, en déposant sur le bureau toutes les pièces qui peuvent constater de sa conduite dans les lieux où il a commandé; entr'autres il a présenté une attestation de civisme du Conseil permanent de la Commune de Strasbourg; l'assemblée après cette explication, a dit au Général qu'elle espéroit qu'il s'empresseroit de détruire, par des actions civiques, l'erreur dans laquelle on avoit pu être sur ses opinions. *Général Dalo.*

ON a profité de la présence du Général pour lui observer que les Citoyens ne pouvant monter dans les forts de cette ville, cela gênoit la surveillance des commissaires, il a offert *Mesures militaires.*

aussitôt de donner à cet égard toutes les permissions que l'assemblée jugeroit convenables ; mais l'assemblée voulant que les démarches de ses membres fussent constamment éclairées, a délibéré qu'aucun d'eux ne pourroit faire usage de ces permissions, qu'en se faisant accompagner d'un autre membre, et qu'en signant chez le portier, conjointement avec lui, leurs noms, sur un registre, à l'effet de constater du jour de leur présence dans ces forts.

On a encore représenté au Général que parmi les conducteurs et charretiers des vivres et fourrages, il se glissoit des individus qui paroissoient suspects ; le Général ayant fait connoître que ces sortes d'employés n'étoient point sous ses ordres, l'assemblée a passé à l'ordre du jour, motivé sur ce que ces particuliers rentroient sous la surveillance des commissaires délégués par la loi du 21 mars dernier ; en conséquence, les comités ont été invités de porter leur attention sur ces agens subalternes.

C'est ici le moment de vous entretenir de
la

la défectuosité des fourgons destinés pour l'armée, qui ont été faits ici. Ils sont tellement fragiles, qu'en traversant la ville, les planches se froissoient par les seuls cahos de la voiture, et la toile est si mauvaise, qu'elle ne peut garantir de l'intempérie des saisons. L'assemblée, dès qu'elle fut instruite de ce nouveau genre de dilapidation, en prévint le Département de la Haute-Saône, où ce convoi devoit passer.

L'ASSEMBLÉE s'est occupée plusieurs séances des moyens de stimuler les gardes nationales, et de justifier l'opinion flatteuse que le Général Spaar en avoit donné au Général Custine; à cet effet elle a chargé son comité des seize de présenter ses vues sur cet intéressant objet. Les principes sont déjà développés, mais l'assemblée ne peut vous rendre compte de ses délibérations que le mois prochain. Elle doit aussi nommer des commissaires, qui se joindront à ceux de la Municipalité et à ceux de la Garde Nationale, pour y présenter les vues

Garde National.

de l'assemblée, et faire, de cette réunion de lumières, un règlement qui, en atteignant au but qu'on doit en espérer, forme de la Garde Nationale de cette ville un corps aussi instruit que courageux, et dont l'énergie et le républicanisme puissent devenir aussi redoutables à nos ennemis, qu'utiles au maintien de la liberté et de l'égalité.

Subsistances. L'ASSEMBLÉE GÉNÉRALE a cru de son devoir de porter son attention sur les subsistances. L'activité du Département à taxer, par son arrêté du 12 mai, les grains de ce marché, en exécution de la loi du 4 du même mois, rabaissoit si fortement le prix précédent de cette denrée, qu'il n'existoit plus de proportion entre le prix des grains et le prix du pain; nous ne pouvions donc, sans être complices de la cupidité des boulangers, nous taire sur cet abus effroyable, dont l'existence ne peut qu'aggraver davantage la misère publique; nous avons nommé des commissaires pour inviter la Municipalité à taxer le pain sur les proportions du prix des grains ; la Municipalité a invité ces commissaires à se joindre à son comité de subsistance, qui déjà s'occupoit des moyens de rabaisser le prix du pain. Les boulangers, en souscrivant aux ordres que la Municipalité leur a intimés, en ont diminué le prix ; en sorte que maintenant la miche de pain du poids de six livres est à 30 ſ, au lieu de 36 ſ, et le pain de nos freres indigens délivré par la Municipalité, n'est plus qu'à 20 ſ, au lieu de 22 ſ.

L'assemblée générale, suivant l'usage des anciens commissaires de sections, nomme deux commissaires par section pour aider la Municipalité dans la distribution du pain à prix modique qu'elle fait délivrer dans chaque section, à la classe la plus malheureuse de nos frères : cette surveillance a pour objet de veiller à la juste répartition de ce pain, et qu'il ne soit livré qu'à ceux qui, par leur misère, ont des droits réels à y participer ; elle a aussi pour objet de vérifier la qualité et le poids du pain. Vos commissaires se sont déjà trouvé dans le cas de faire rejeter quelques miches qui n'étoient admissibles ni par le poids, ni par la qualité, notamment la septième section, qui fit rejeter cinquante-cinq pains de mauvaise qualité, et qui n'étoient pas de poids. Enfin les mesures les plus sages sont prises pour mettre des entraves à la sordidité, et assurer aux malheureux leur subsistance.

Notre surveillance ne s'est pas bornée à la taxe et à la distribution du pain; nous avons été frappés de l'activité des revendeurs et revenderesses qui accaparent, soit aux portes ou au-dedans de la ville, les denrées que les gens de la campagne amènent sur nos marchés, en sorte que les herbages, les œufs, le beurre, et autres denrées, demeurent dans les mains seules de ces revendeurs, qui ne les livrent aux Citoyens qu'à un prix excessif. Nous avons adressé une pétition à la Municipalité, pour faire revivre les anciens règlemens de police, et empêcher que ces revendeurs ne puissent accaparer ainsi les denrées, et se présenter sur les marchés qu'à une heure fixe;

c'est aux commissaires de police et aux sergens de ville à veiller à l'exécution de l'arrêté que la Municipalité a pris à ce sujet le 24 du mois dernier. Nous avons été également frappés des abats considérables qui se font à la boucherie, des jeunes bœufs, vaches et genisses ; si de pareils abattis continuoient, bientôt l'espèce manqueroit, et le renchérissement de la viande ne seroit pas le moindre inconvénient, nos campagnes bientôt seroient privées de la reproduction d'un animal qui est autant utile au labourage qu'à notre existence. L'assemblée générale a fait sur cet objet une pétition, afin d'obtenir un arrêté qui empêchât qu'on ne tuât les jeunes bœufs, jeunes vaches et genisses : la Municipalité a pris un arrêté à ce sujet le 27 mai dernier.

L'ASSEMBLÉE GÉNÉRALE, convaincue que la publicité de toutes gestions est le moyen d'entretenir dans le Peuple la confiance qu'il doit avoir dans ses Magistrats, convaincue aussi que des Magistrats intègres doivent courir

Dons patriotiques.

au-devant de tout ce qui peut éclairer leur conduite, a adressé à la Municipalité une pétition, à l'effet de rendre publique la recette qu'elle fait sur les dons patriotiques de toute nature, et d'en justifier l'emploi, afin que le Public, instruit du bon usage que l'on fait de ses dons, y puise de nouveaux encouragemens, et qu'en applaudissant à une sage et économique administration, il ne craigne pas de faire de nouveaux sacrifices. La Municipalité, pénétrée de ces principes, en adhérant à cette pétition, va incessamment faire imprimer le compte des dons patriotiques qui ont été versés dans sa caisse, à la rédaction duquel des commissaires nommés par elle s'étoient déjà occupés.

Objets réglémentaires relatifs à la constitution de l'assemblée générale.

Nous avons employé beaucoup de momens à poser les principes de quelques points réglémentaires; nous n'entrerons pas dans ces détails minutieux, mais utiles cependant pour la police de nos séances: ils vous seront d'ailleurs connus lorsque le règlement sera entièrement adopté, parce qu'il sera livré à l'impression; mais il est des articles essentiels que nous croyons nécessaires de vous faire connoître aujourd'hui.

1° Nous avons décidé que la nomination faite dans quelques sections, de suppléans, n'ayant point été ordonnée par la Loi du 21 mars dernier, ne pouvoit leur donner droit de voter dans l'assemblée générale, en supposant même le cas de mort ou de démission d'un des commissaires en titre ; que ce cas arrivant, les assemblées primaires seroient obligées de procéder à l'élection du membre qui seroit à remplacer.

2° Nous avons formé un comité de seize, composé de deux membres de chaque section, dont l'objet est de faire le rapport des affaires qui seroient d'une trop longue discussion pour l'assemblée générale.

3° Nous avons arrêté qu'il y auroit deux séances par semaine, les lundi et vendredi, à deux heures après midi : cette délibération a été annoncée par affiches.

4° Nous avons de plus arrêté que l'assemblée générale ne communiqueroit jamais avec aucun Corps, que par députation.

5° Enfin nous avons décidé que l'assemblée générale ne donneroit jamais attestation de civisme à aucun Citoyen ; nous nous sommes fondés 1° sur ce que c'est à la Municipalité à juger si un sujet est digne ou non d'obtenir un certificat de civisme ; 2° que nous sommes faits seulement pour donner notre avis lorsque nous sommes consultés, mais non pour prononcer définitivement. Cette délibération a encore pour motif d'abord de n'avoir point l'air de chercher à entreprendre sur les fonctions de la Municipalité, étant déterminés à ne point vouloir sortir de la surveillance que vous nous avez déléguée, afin d'ôter aux calomniateurs le prétexte de nous accuser de vouloir empiéter sur les fonctions des Corps administratifs ; d'un autre côté c'est pour éviter de tomber en contradiction avec la Municipalité, avec laquelle vos commissaires sont jaloux de fraterniser et de se concilier pour opérer le bien de cette commune. Nous ne pouvons d'ailleurs ignorer nos devoirs, le Département empressé de seconder nos efforts, fait passer à l'assemblée générale, avec la plus scrupuleuse exactitude, les décrets de la Convention aussitôt qu'il les reçoit lui-même du pouvoir exécutif; et nous sommes flattés dans ce moment de pouvoir rendre hommage à la manière conciliante avec laquelle il cherche les moyens de porter l'instruction dans toutes les parties de son administration, où rien n'échappe à sa sollicitude ni à sa surveillance.

L'ASSEMBLÉE a invité les commissaires de police à se trouver à leur séance, afin d'être à même de les consulter lorsque l'on auroit des renseignemens à leur demander, ou des objets de surveillance à leur prescrire. Nous avons aussi pensé qu'il seroit utile d'inviter la Municipalité à leur faire un règlement, où des commissaires, pris dans notre sein, seroient appelés pour y concourir, afin de déterminer les rapports de ces agens avec les commissaires de sections; en sorte que leur obligation bien

<small>Commissaires de police.</small>

déterminée, et sachant ce que nous sommes dans le cas d'exiger d'eux, nous puissions les rappeler à leurs devoirs s'ils s'en éloignoient.

<small>Prêtres fonctionnaires publics et autres.</small> L'ASSEMBLÉE, frappée de l'inutilité de quantité de fonctionnaires publics ecclésiastiques qui sont employés à desservir les autels en cette ville, tandis que nos campagnes manquent de ministres, a délibéré de chercher les moyens de les rendre plus utiles à la chose publique, en les occupant dans les campagnes, où la dissette des prêtres est telle, qu'un curé est souvent chargé de la desserte de plusieurs paroisses, et où quelque fois même il en existe quantité qui, par leur position topographique, ne peuvent recevoir aucune instruction pastorale. Dans cet instant il est sans doute dangereux d'abandonner des gens peu éclairés à leurs propres lumières, lorsque quantité de prêtres fanatiques tentent de les égarer; il est donc important de combattre la superstition par les armes de la raison, et d'y envoyer pour cela des missionnaires d'un

Dieu de paix; il sera sans doute bien plus glorieux à ces ministres vertueux, de conquérir des ames à Dieu et des hommes à leur Patrie, que de rester mollement au milieu d'une ville où le patriotisme et la philosophie ne leur laissent rien à faire.

Nous avons encore été plus étonnés de la monstruosité politique qui existoit sous nos yeux, en réfléchissant qu'un prêtre pouvoit être élu parmi nous à des fonctions civiles et militaires.

Nous nous sommes rappelés la Sainteté de leur caractère qui doit les éloigner de toutes affaires temporelles; l'insuffisance d'un homme qui ne peut se partager entre les fonctions spirituelles, et celles déléguées aux emplois civils ou militaires, nous nous sommes rappelés sur-tout le danger de donner aux ministres une influence dans l'état que leur ambition de tous les siècles, prouve qu'ils ne sont que trop disposés d'accroître.

Nous nous sommes rappelés enfin que les ministres de notre religion, qui ont le droit de la confession, pouvoient trouver dans les consciences timides, dans la crédulité des uns et dans la foiblesse des autres, une facilité d'agrandir leurs puissances temporelles, et peut-être se rendre un jour aussi redoutables que le ci-devant clergé, dont nous ne devons pas oublier qu'ils faisoient parties. Par ces considérations et par d'autres encore non moins péremptoires, nous avons fait une pétition à la Convention Nationale, tendante à exclure de toutes les places civiles et militaires, les prêtres attachés à un culte dont les ministres sont salariés par la République; nous n'avons pas même fait d'exception pour les prêtres non fonctionnaires publics; s'ils sont bons Citoyens, ils trouveront des occupations dignes d'eux, en demandant d'aller desservir les paroisses sans pasteur. La République manque de ministre, et il seroit aussi lâche de leur part de quitter dans ce moment leur caractère, qu'à un soldat d'abandonner son drapeau. Cette pétition sera imprimée et envoyée dans les Départemens de la République, aux commissaires des sections où il y en a d'établis, et aux sociétés populaires.

L'ASSEMBLÉE générale a vu avec un sentiment d'indignation, que la division règne constamment dans la Convention; qu'elle est environnée de malveillans voués à l'anarchie, qui cherchent à perpétuer le désordre, et peut-être à provoquer des crimes dont l'idée seule fait frémir. On ne peut se dissimuler qu'il existe des complots liberticides, dont le but est d'avilir la Représentation Nationale et de la dissoudre, et par là nous amener les horreurs de la guerre civile, sort inévitable de tout état où l'autorité est sans force. *Troubles de la Conv. Nat. et de Paris.*

Pénétrés des dangers de la Patrie, nous avons délibéré de nous occuper des moyens de prévenir les malheurs qui nous menacent; cette détermination ayant été prise dans la dernière séance du mois de mai, nous nous proposons de vous faire connoître le résultat de nos mesures sur cet objet au premier compte que nous aurons à vous rendre.

Réfultat. TELS sont, Citoyens, les travaux de vos commissaires ; constamment animés du bien public : nous cherchons tous les moyens qui peuvent y conduire ; vous ne trouverez point parmi nous de ces orateurs semillans, plus occupés de flagorner le peuple que de l'instruire ; plus jaloux de l'entretenir de leurs individus, que de ce qui peut le rendre heureux ; nous ignorons ce langage flatteur qui surprend des applaudissemens sans les mériter ; les sincères amis du peuple ne savent que lui dire des vérités ; nous abandonnons aux agitateurs cette éloquence astucieuse qui, se couvrant de quelques phrases pompeusement patriotiques, conduit le peuple à l'anarchie, au mépris des lois et des autorités constituées. Pitt et Cobourg, en soudoyent à Paris, peut-être dans les départemens, ces ennemis de notre liberté savent que le français veut être libre; ils savent que la promulgation des principes qui y seroient contraires, ne seroit point entendue, et que l'orateur même seroit bientôt écrasé par l'opinion ; il ne leur reste qu'un moyen, c'est de diviser les patriotes, de semer le soupçon et la défiance sur ceux que vous honorez de votre confiance, d'empêcher par ces agitations continuelles, votre réunion autour de vos vrais amis; mais ceux-là seuls qui provoquent les divisions, qui, dans leurs discours ou dans des écrits éphémères, cherchent sans cesse à fomenter des troubles; ceux-là, disons-nous, sont les vrais agens de l'Autriche, de la Prusse et de l'Angleterre. Vous les reconnoîtrez, les malveillans, à leurs sentimens haineux pour ceux qui ont le courage de les démasquer. Vous les reconnoîtrez dans leurs intrigues, dans leurs démarches ténébreuses. Vous les reconnoîtrez dans l'extrême ambition qu'ils ont de se mettre en évidence, de surprendre votre suffrage. Vous les reconnoîtrez, parce qu'ils ne s'oublient jamais dans leurs discours, qu'ils parlent sans cesse de leurs vertus, et se louent avec une impudence qui n'appartient qu'au charlatanisme. Vous les reconnoîtrez encore, parce qu'ils se trouvent par-tout, où il est important à leur vice d'égarer le peuple, et de le porter à des extrémités alarmantes pour la tranquillité. Vous les reconnoîtrez enfin, parce qu'ils ne se trouvent jamais où le danger de la Patrie commande la présence des bons Citoyens.

Ces hommes dangereux en égarent sans doute beaucoup d'autres, mais nous sommes là pour les surveiller; ni leurs cris impuissans, ni leurs démonstrations hypocrites, ni leurs vaines et ridicules dénonciations, ne nous en imposeront point : nous demeureront fermes à notre poste; et si le bien public, le salut de la Patrie, ne sont pas des motifs assez puissans pour les ramener, notre courage les effrayera. Nous nous sentons, Citoyens, capables de tous les efforts pour assurer votre tranquillité et maintenir la liberté et l'égalité que nous avons juré de défendre jusqu'à la mort..

GIRARDOT, Président. JOBARD, FRANCE, TOURTELLE, BOURGEON, Secrétaires.

De l'Imprimerie de Jean-François DACLIN.

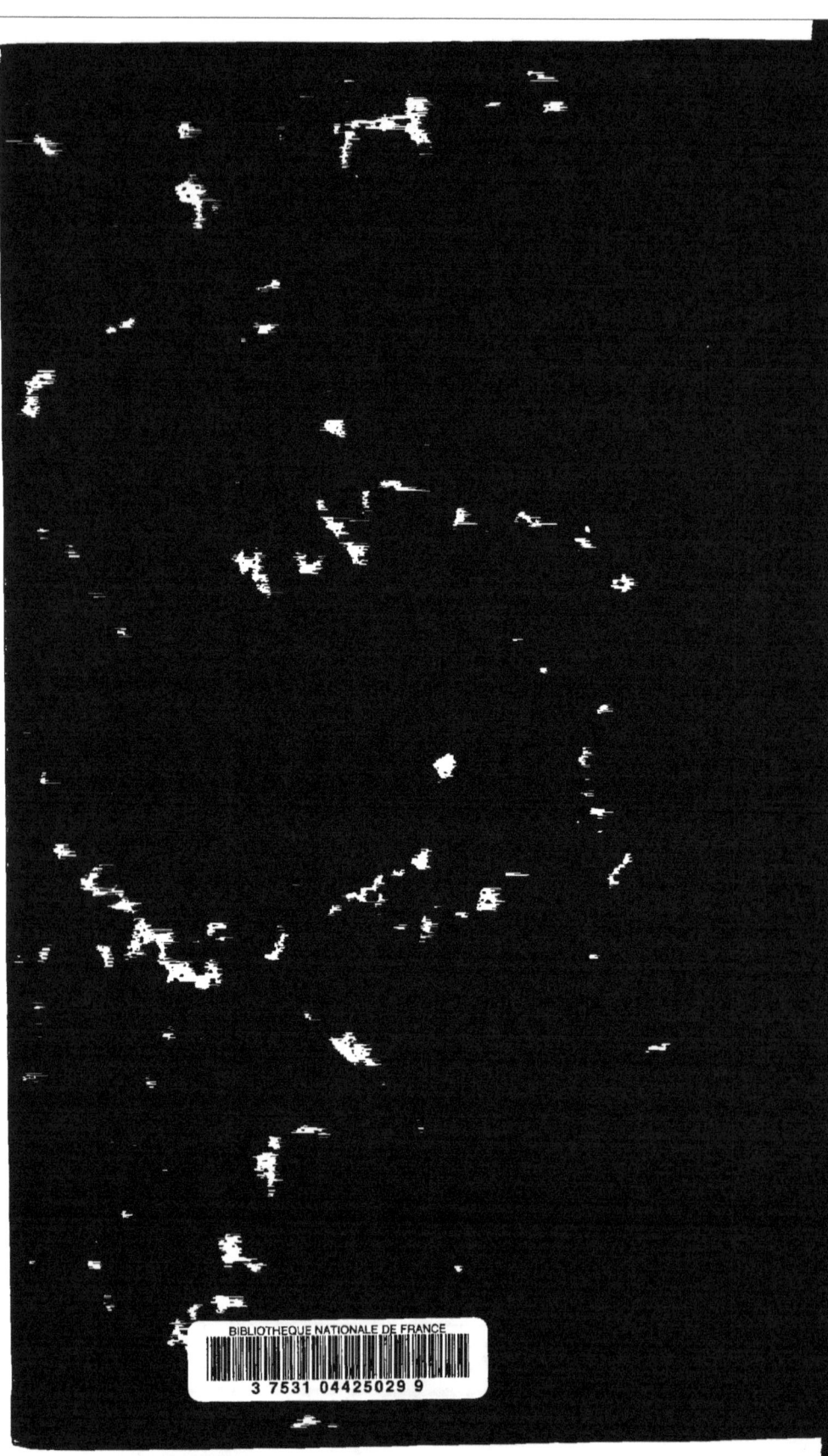

www.ingramcontent.com/pod-product-compliance
Lightning Source LLC
Chambersburg PA
CBHW062012070426
42451CB00008BA/681